ICH HABE EIN BUCH
FÜR DICH
GESCHRIEBEN

Mama,

ICH HABE EIN BUCH
FÜR DICH
GESCHRIEBEN

riva

Das bin ich, *der Autor* dieses Buches:

Und das bist du, MAMA!

An diese Erzählung von **MEINER GEBURT** kann ich mich besonders gut erinnern:

....

....

....

....

....

....

So habe *ich dich* als Kind immer genannt:

....
....

Und so hast *du mich* als Kind oft genannt:

....
....

Wenn ich nicht .... heißen würde, dann würde mir *dieser Name* auch gefallen: ....

DU bist ...

♡ die beste Mama.

♡ die tollste Mama.

♡ die wunderbarste Mama.

♡ für mich nicht nur Mama,
sondern auch ...

....

DEINE SUPERKRAFT, mit der
du mir schon oft helfen konntest:

....

Ein Gericht, das NUR DU
so lecker kochst:

....

....

Dabei habe ich DIR als Kind immer gern zugeschaut:

....

....

....

....

....

Dinge, die ich an dir *bewundere:*

1. ....

2. ....

3. ....

Ein in meinen Augen wertvoller *Tipp fürs Leben,* den du mir mal gegeben hast:

....

....

Mit diesen Ratschlägen hattest DU tatsächlich Recht:

....

....

Und mit diesem Ratschlag konnte ICH dir sogar mal weiterhelfen:

....

....

In der Schule konntest du mir
oft in diesen FÄCHERN helfen:

....

....

Und bei diesen trotz aller
BEMÜHUNGEN (die ich sehr zu
schätzen wusste) nicht wirklich:

....

....

Bei diesen Dingen habe ich mir lieber von PAPA helfen lassen:

....

....

....

Das kannst du *besonders* gut:

Und das eher NICHT so:

Danke, dass du diese *schlimmen Phasen* von mir ausgehalten hast:

....

....

Von dieser *Entscheidung* konntest du mich zum Glück abhalten:

....

....

Etwas **PEINLICHES**, das uns mal passiert ist:

....

....

Ein wirklich lustiger Moment, den wir **GEMEINSAM ERLEBT** haben:

....

....

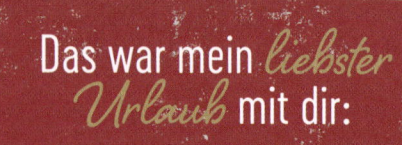

Das war mein *liebster Urlaub* mit dir:

....

....

....

....

....

....

....

....

....

....

Ein URLAUBSFOTO, das ich sehr gern mag:

Bei diesen *Liedern* muss ich immer an dich denken:

1. ....

2. ....

3. ....

Dein *Musikgeschmack* ist:

grauen-
haft
groß-
artig

Ich mag es, wenn du *dieses*
Lied singst oder summst:

....

....

....

ICH LIEBE ES, wenn
du das sagst:

Mein *Lieblingsfoto* von uns:

Mir *gefällt es* so gut, weil:

....

FÜR DICH würde ich sogar ...

○ über einen Abgrund springen.

○ eine Spinne streicheln.

○ meine Haare .... färben.

○ .... essen.

○ ....

Ein **INSIDER**, den nur
wir beide verstehen:

· ·

· ·

· ·

· ·

· ·

Dieses GEMEINSAME ERLEBNIS hat uns sehr geprägt:

....

....

....

....

....

Bei diesem SPIEL ziehst du mich immer total ab:

....

....

....

....

So gut kannst DU ...

kopfrechnen

☆☆☆☆☆

kochen

☆☆☆☆☆

singen

☆☆☆☆☆

lügen

☆☆☆☆☆

Ostereier
verstecken

☆☆☆☆☆

den Weihnachtsbaum
schmücken

☆☆☆☆☆

tanzen

☆☆☆☆☆

....

☆☆☆☆☆

Diese *Eigenschaften* habe ich von dir geerbt:

....

....

....

Diese *äußerlichen Merkmale* habe ich von dir geerbt:

....

....

....

Und das muss ich wohl von **PAPA** geerbt haben:

....

....

....

Wir sehen aus wie Fremde.

Wir gleichen uns aufs Haar.

Dieses KLEIDUNGSSTÜCK verbinde ich sofort mit dir:

So würde der **FILM**
über **UNS** heißen:

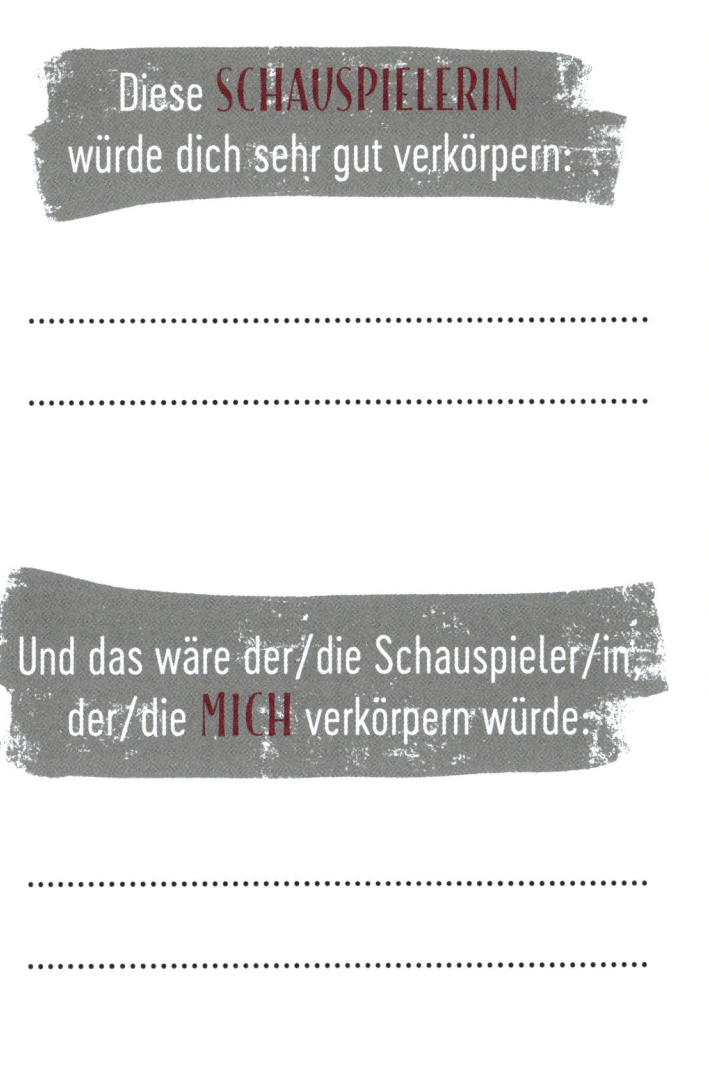

Diese **SCHAUSPIELERIN**
würde dich sehr gut verkörpern:

....

....

Und das wäre der/die Schauspieler/in,
der/die **MICH** verkörpern würde:

....

....

1. ....

2. ....

3. ....

Lustige Gewohnheiten von MIR

1. ....

2. ....

3. ....

Eine *lustige* Erinnerung
aus meiner Kindheit:

....

....

....

....

....

Eine *nicht so schöne* Erinnerung aus meiner Kindheit:

....

....

Das war *der Grund* dafür:

....

....

Zum Glück konntest *du* mich so aufheitern:

....

Eine Beichte aus MEINER Kindheit:

....

....

....

....

....

Eine lustige Story aus DEINER Kindheit, die du mir mal erzählt hast:

....

....

....

....

....

♡ bis zum Mond und zurück.

♡ einmal um die ganze Welt.

♡ vom Kühlschrank bis zum Sofa.

♡ ....

Auf diesem Bild habe ich
DICH ganz besonders lieb.

Du hast mir viele
Gute-Nacht-Geschichten vor-
gelesen. Das waren meine liebsten:

1. ....

2. ....

3. ....

Diese *Süßigkeit* hast du
mir als Kind immer gekauft:

....

Und das war immer

»zu ungesund«:

....

Wenn ich *krank* war, hast du mir immer .... gemacht.

Das war ...

○ sehr lecker.

○ echt eklig.

Danke, dass DU ...

○ meine Wäsche gewaschen hast.

○ immer so lecker für mich kochst.

○ mir früher bei meinen Hausauf-
gaben geholfen hast.

○ mich auch in schwierigen Situa-
tionen aushältst.

○ mich immer an Omas und Opas
Geburtstag erinnerst.

○ ....

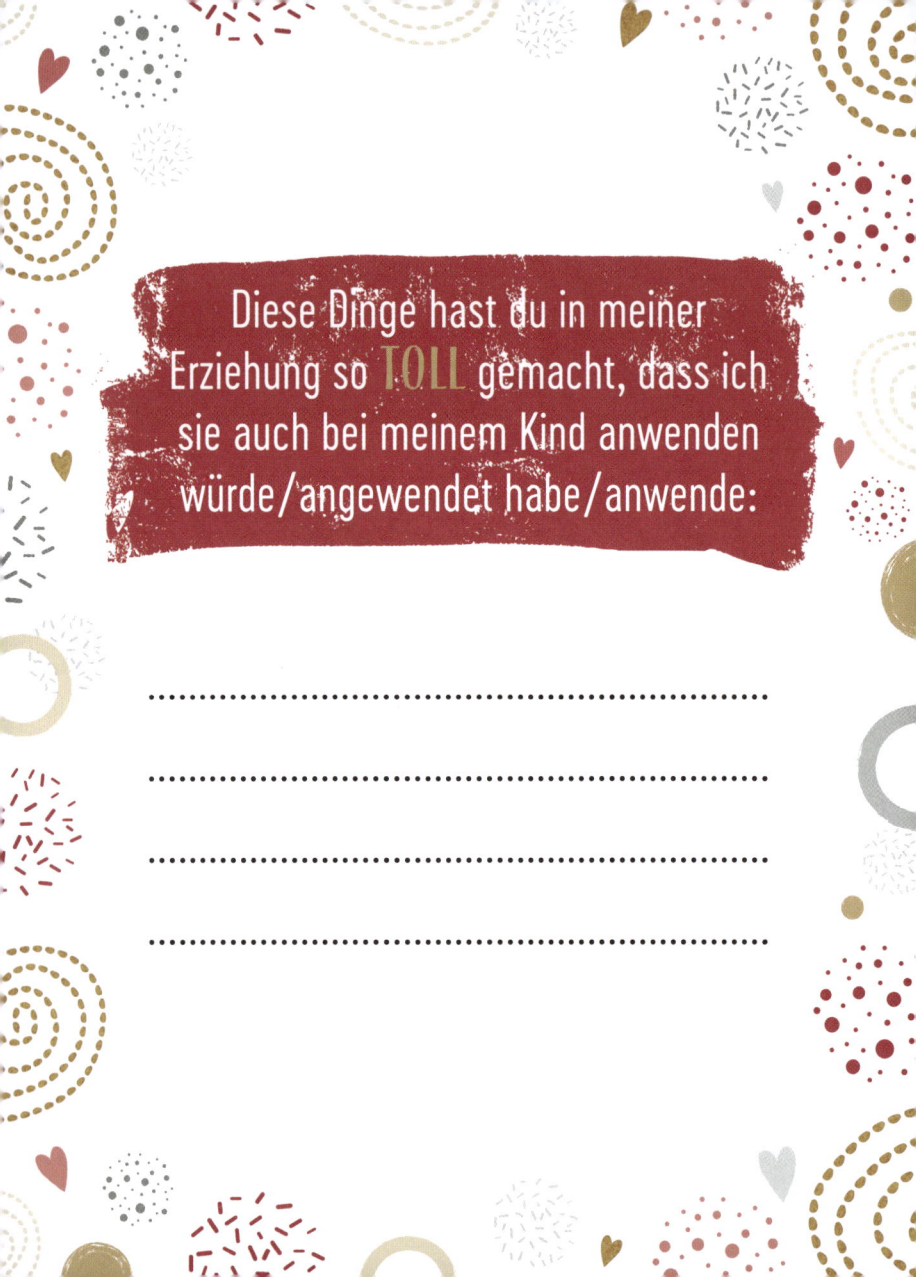

Diese Dinge hast du in meiner Erziehung so **TOLL** gemacht, dass ich sie auch bei meinem Kind anwenden würde/angewendet habe/anwende:

....

....

....

....

Und diese Dinge würde ich in der Erziehung **ANDERS** machen:

....

....

....

....

So sieht unser
Weihnachtsbaum aus:

Eine schöne *Weihnachts- erinnerung* aus meiner Kindheit:

....

....

....

....

....

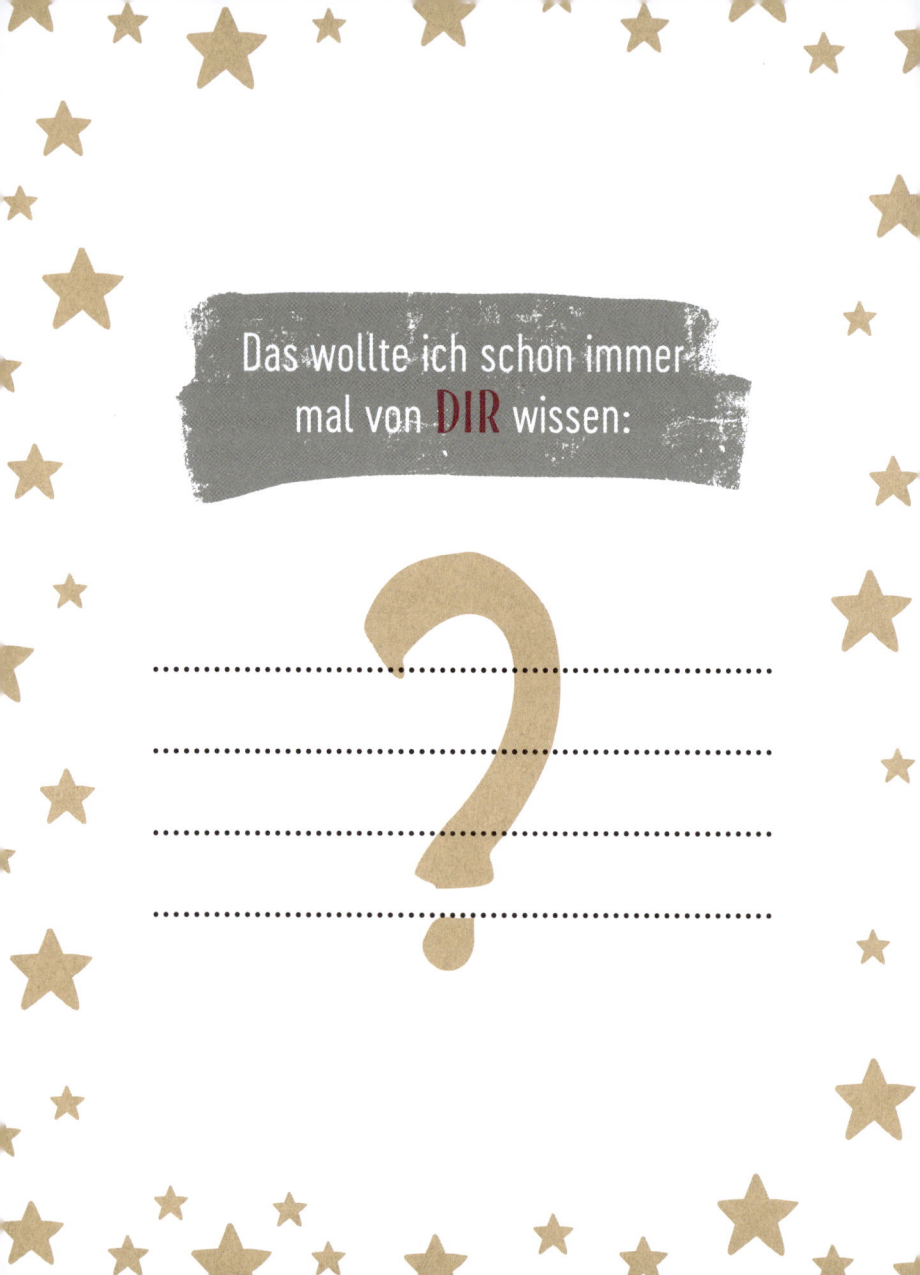

Das wollte ich schon immer mal von **DIR** wissen:

Ein GEHEIMNIS, das ich dir hiermit jetzt verraten werde:

....

....

....

....

....

....

....

....

....

....

Dein *Lieblingswitz:*

....

....

....

....

So *verabschiedest* du dich immer am Telefon:

....

....

Ein BUCH, das ich dir sehr empfehlen kann:

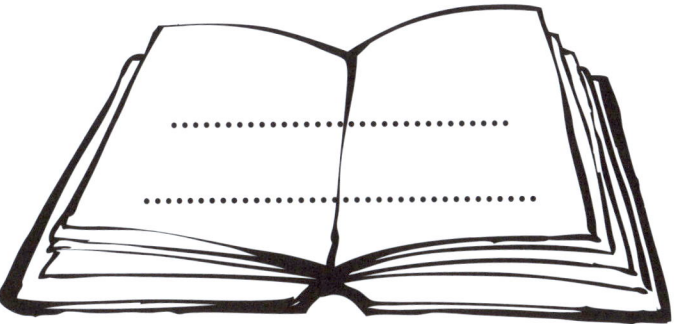

....

....

Diesen ORT möchte ich mit dir bereisen:

....

....

Diese *wichtigen Ereignisse* haben wir schon zusammen erlebt:

- ⭕ meinen 1. Schultag

- ⭕ meinen Schulabschluss

- ⭕ meine 1. eigene Wohnung

- ⭕ meine Hochzeit

- ⭕ die Geburt deines 1. Enkelkindes

Bibliografische Information der Deutschen Nationalbibliothek
Die Deutsche Nationalbibliothek verzeichnet diese Publikation in der Deutschen National-
bibliografie. Detaillierte bibliografische Daten sind im Internet über https://dnb.de abrufbar.

Für Fragen und Anregungen
info@m-vg.de

Wichtiger Hinweis
Ausschließlich zum Zweck der besseren Lesbarkeit wurde auf eine genderspezifische Schreibweise
sowie eine Mehrfachbezeichnung verzichtet. Alle personenbezogenen Bezeichnungen sind somit
geschlechtsneutral zu verstehen.

Originalausgabe
3. Auflage 2024
© 2021 by riva Verlag, ein Imprint der Münchner Verlagsgruppe GmbH
Türkenstraße 89
80799 München
Tel.: 089 651285-0

Umschlaggestaltung und Layout: Sonja Vallant
Abbildungen Innenteil: Shutterstock.com/ Tiwat K, primiaou, Ohn Mar, Borisovna.art, Romanova,
Ekaterina, Wonder-studio, Malysheva Anastasiia, Magnia, Vlada Young, Niko-laeva, Victoruler, et-
cberry, halimqd, AlfaSmart, Kulichka, Tolchik, ARTvektor, Marish, Pyty, Solar.Garia, ghrzuzudu, pin-
gebat; Adobestock/Tatiana Kuzmina
Umschlagabbildung: shutterstock/oasis15
Satz: Müjde Puzziferri, MP Medien, München
Druck: Livonia Print, Riga
Printed in Latvia

ISBN Print 978-3-7423-1754-4